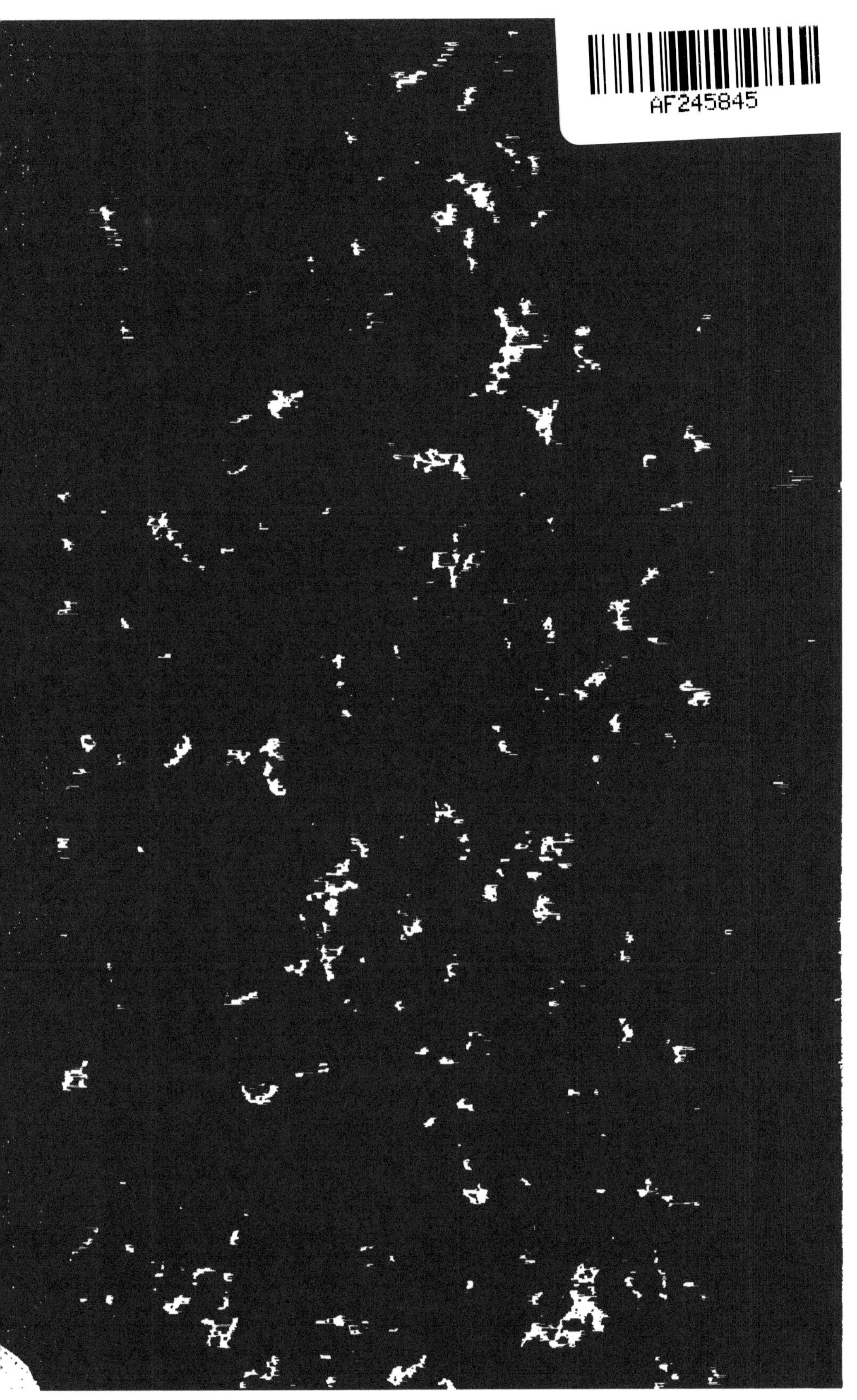

MÉMOIRE

D'UN CONTEMPORAIN.

MÉMOIRE

D'UN CONTEMPORAIN

A UN AMI.

BESANÇON.

IMPRIMERIE DE CHARLES DEIS,

GRANDE-RUE, 43.

1841.

MÉMOIRE

D'UN CONTEMPORAIN

A UN AMI.

ÉVASION DES PRISONNIERS VENDÉENS DÉTENUS A LA CITADELLE DE BESANÇON. FAIT HISTORIQUE ET ANECDOTIQUE.

On vous a parlé de M. de Bourmont, qui a été long-temps prisonnier d'état dans notre citadelle, de son évasion, si diversement racontée, et dans laquelle on m'a fait figurer comme principal acteur, ou tout au moins comme complice, et vous me demandez à ce sujet des explications positives.

Je puis, mon cher Monsieur, vous dire aujourd'hui ce que je me serais gardé de confier à qui que ce fût, il y a environ trente-cinq ans.

Je dois d'abord remonter à la cause qui a amené mes liaisons avec cet homme, célèbre sous plus d'un rapport.

M. le comte de Bourmont et Enghand de Saint-Maur, son aide-de-camp, ont été détenus dans notre citadelle pendant trois ans et un mois. Ils y passèrent la première année dans le plus profond isolement; sur ce point, les ordres de Fouché et du ministre de la guerre étaient impératifs, et leur exécution était sévèrement surveillée par M. Jean Debry, alors préfet, et par le général Ménard, commandant la division.

Cette même année, madame la marquise de Bec-de-Lièvre et sa fille, madame de Bourmont, obtinrent avec peine la permission de venir passer une partie de l'automne avec M. de Bourmont. Ces dames comprirent bientôt que la société de la citadelle ne pouvait leur convenir; elles descendirent en ville, où elles s'en procurèrent une plus analogue à leur naissance et à leur éducation. Bientôt elles furent entourées d'une cour brillante et nombreuse, au grand déplaisir du commandant et surtout de M. Debry.

Le commandant de notre citadelle, M. Chéron, était journellement stimulé par les correspondances ministérielles, ainsi que par celles des deux premiers fonctionnaires de notre ville; souvent il ne savait auxquelles entendre; elles semblaient quelquefois contradictoires. Il venait me les communiquer, et les réponses que nous faisions aux unes et aux autres ne déplurent à personne, pas même à Fouché, de qui Chéron obtint, au bout d'un an, la permission de laisser circuler les prisonniers dans la citadelle, et même de leur laisser passer chez lui les longues veillées d'hiver.

Outre sa femme, Chéron avait chez lui ses deux belles-sœurs, demoiselles jeunes, bien élevées et de bonne compagnie.

A cette époque, M. de Bourmont manifesta le désir d'avoir un conseil auquel il donnerait ses pouvoirs pour traiter du rachat de ses biens avec M. Descombes, alors conseiller à la cour impériale de Besançon.

Chéron me jugeant propre à remplir les vues de M. de Bourmont, me présenta au ministre Fouché, qui m'agréa et m'autorisa à communiquer avec le prisonnier, sur sa demande, en présence du commandant.

Me voilà donc en relation presque journalière avec les deux Vendéens; je dînais quelquefois chez eux avec Chéron, ou chez celui-ci avec eux. La table provoque d'ordinaire la confiance, puis l'intimité. Je m'aperçus bientôt que l'un et l'autre en savaient plus sur les auteurs de la machine infernale du 3 nivôse qu'ils n'avaient voulu en révéler au pouvoir consulaire.

M. de Bourmont avait une figure ouverte, gaie, prévenante; son aide-de-camp, au contraire, était toujours sombre et silencieux. Aussi M. de Bourmont le laissait-il très souvent dans son appartement, et assistait seul à nos soirées, pleines de gaîté et presque toujours dansantes. M. Enghand y assistait pour jouer du violon.

Oui, dansantes!... Cela vous étonne, mon cher? Mais que direz-vous lorsque vous saurez que pendant le carême de la troisième année de captivité, nous eûmes jusqu'à des soirées déguisées, dans l'une desquelles M. de Bourmont parut sous les habits d'une dame de cour, dont il imitait si bien les manières que l'on fut quelque temps sans le reconnaître; on avait annoncé qu'il ne viendrait point à la soirée.

N'est-ce pas qu'au milieu de ces plaisirs vous nous croyiez tranquilles? Erreur! Le comte de Bourmont, Chéron et moi étions dans la position de Damoclès. Au lieu d'un glaive suspendu sur nos têtes, il nous semblait à chaque instant voir M. Debry se *ruer* au milieu de nous, faire rentrer les prisonniers, et nous envoyer coucher au corps-de-garde.

Le commandant échangeait de temps en temps avec moi des paroles de crainte. Je le rassurais de mon mieux. Tranquillisons-nous, lui disais-je, nous avons la permission écrite de Fouché, et nos vigies intelligentes sont à leur poste.

Dans le fait, Fouché ne nous avait pas prescrit *le menu* de nos soirées. — Donc nous étions dans nos droits, et le préfet aurait été en tort.

Au milieu de nos bruyantes distractions, les affaires d'intérêt du prisonnier marchaient lentement, par suite des incidents que M. Descombes élevait à chaque séance.

Je lui avais proposé le remboursement, en numéraire, du montant de son acquisition, d'après la dépréciation des assignats qu'il avait versés, et en sus le cinq pour cent pour intérêts. M. de Bourmont était si désireux de rentrer dans cette propriété, qu'il ne voulait pas lui précompter les revenus qu'il en avait tirés.

Mes offres par écrit parurent faire plaisir à M. Descombes; il remit la conclusion à huitaine. Mais à cette époque, nouvel incident : il prétendit que la dépréciation des assignats serait évaluée sur le cours de Paris; et nous entendions que ce serait sur celui du pays. Pour éluder toute conclusion, il me dit qu'il allait consulter sa famille et ses associés... Il nous amusait; car il négociait secrètement son envoi, qu'il obtint, dans une autre cour d'appel, et il quitta Besançon sans nous donner une réponse.

Nous parlions souvent, M. de Bourmont et moi, de la guerre de la Vendée. Je lui disais un jour que je ne comprenais pas la conduite des Vendéens, qui avaient respecté les châteaux et les seigneurs, tandis que dans presque toute la France on les avait brûlés ou démolis, et égorgé les propriétaires.

Voici l'explication qu'il me donna, et vous jugerez, comme moi, qu'elle était péremptoire.

Notre noblesse ressemblait peu à celle des autres provinces, par ses mœurs et ses habitudes. Elle habitait ses châteaux, y vivait au milieu des paysans comme s'ils eussent été de la famille ; elle parlait leur langue, causait familièrement avec eux, s'informait de leurs enfants, de la quantité de leurs bestiaux, leur procurait des vétérinaires dans les épizooties, et des médecins dans les épidémies ; elle assistait à leurs jeux et accordait souvent des primes aux meilleurs tireurs ; elle les aidait de sa bourse, et usait toujours de la plus grande indulgence dans l'exercice de ses droits.

D'un autre côté, les dames châtelaines visitaient les pauvres ; elles leur portaient des remèdes dans leurs maladies, et des aliments dans leur convalescence ; elles apprenaient aux jeunes filles à préparer avec économie des nourritures saines, et à tenir leurs logements dans une grande propreté, comme un moyen nécessaire à la santé. On leur procurait des apprentissages, d'où elles sortaient en état de confectionner les vêtements de toute la famille.

Les aumônes du cœur accompagnaient toujours celles de la bourse, et souvent les premières étaient un remède plus efficace que les secondes.

Voilà ce qu'était la Vendée avant nos troubles intérieurs.

D'après ce que je viens d'entendre, lui dis-je, il paraît que, dans le principe, les Vendéens n'ont pris les armes que pour défendre les propriétés de leurs bienfaiteurs ; que, de leur côté, les seigneurs ont profité du zèle et de la bravoure de leurs paysans pour les employer au service des Bourbons ; je suis convaincu, ajoutai-je, que, si un chef habile, et du sang royal, eût été à leur tête, ils auraient peut-être obtenu d'autres résultats que le triste honneur d'avoir été braves dans une guerre civile. — Je ne sais, me répondit M. de Bourmont ; probablement, mais... Nous laissâmes tomber la conversation, et, depuis, nous ne l'avons pas reprise.

Après un silence de quelques minutes : — Et votre noblesse, me dit-il, comment se conduisait-elle avant la révolution ? — Je l'ai peu connue ; à dix-sept ans, j'ai quitté Besançon pour aller continuer mes études à Paris. A cette époque, on parlait d'un scandale donné dans la paroisse de V..., par une dame châtelaine. Son curé se coiffait sans poudre et sans pommade, ce qui lui déplaisait beaucoup. Elle lui dit un jour que, si sa tête n'était pas mieux soignée, elle irait le peigner elle-même à l'autel.

Elle lui tint parole ; un dimanche, assistée de deux officiers, elle monte à l'autel avec un sac à poudre et se met en devoir de peigner le curé. Celui-ci oppose de la résistance ; le peuple effrayé crie au sacrilége et sort de l'église avec précipitation.

Échappé des mains de la châtelaine, le prêtre, court à Besançon, rend compte à son éminence le cardinal de Choiseul de l'irrévérence commise par la dame de sa paroisse, et signale en même temps ses complices. Le commandant de la province, instruit de ces faits, envoie saisir les deux officiers par la *maréchaussée*, et les fait conduire à la citadelle, en attendant la décision du ministre de la guerre. M. le cardinal avait dans le ministère un parent, qui rendit compte au roi de la scène scandaleuse de V..., et de la part que les deux officiers y avaient prise. Ils sont restés long-temps à la citadelle, où je les ai vus en allant, le Jeudi-Saint, visiter le reposoir de la chapelle.

M. de Bourmont n'était étranger à aucune science. Au milieu de nos entretiens politiques, littéraires et scientifiques, ou de nos bruyantes distractions, nous étions souvent frappés de terreur par les nouvelles que donnaient les journaux et surtout la correspondance particulière que recevait le prisonnier par l'intermédiaire de madame de P..., qui, comme vous le verrez par la suite, lui a rendu d'importants services.

Des feuilles annonçaient que *la république était à l'agonie*, et qu'un trône impérial devait s'élever pour y recevoir Napoléon, qui, disait-on, créerait une dynastie nouvelle avec des princes de son sang, des maréchaux, des comtes et des barons.

Ces nouvelles étaient jetées au public comme par moquerie dans de certains journaux, et leur réalité était cependant regardée comme possible dans d'autres.

Nous n'attendîmes pas long-temps le dénoûment de cette comédie, à laquelle servit de prélude un horrible drame : le duc d'Enghien, reste *redoutable* de la famille des Bourbons, portait ombrage à Napoléon, qui le fit enlever d'Ettenheim et assassiner le 21 mars 1804 par une commission militaire (1), et le 18 mai de la même année nous apporta un *sé-*

(1) M. le lieutenant-général vicomte de Préval, pair de France, était à cette époque colonel au 3e de cuirassiers, il fut appelé à faire partie de cette commission... Il répondit au ministre de la guerre, que feu son père ayant été capitaine et lui cadet dans le régiment du duc d'Enghien, qui avait été pour lui un second père, il ne pouvait ni ne devait être son juge *sans se couvrir du manteau de l'ingratitude aux yeux de la France.*

Le ministre n'insista pas..., mais il lui tint rancune : s'il fut nommé général de brigade on ne put faire autrement, le champ de bataille d'Austerlitz réclamait pour lui ce grade dans lequel il est resté jusqu'à la restauration, époque où Louis XVIII le nomma lieutenant-général.

natus-consulte qui proclamait Bonaparte empereur des Français, avec une constitution impériale.

Ces deux événements, et surtout le premier, auquel on était loin de s'attendre, furent un coup de foudre pour les deux prisonniers... Je vis de grosses larmes tomber des yeux de M. de Bourmont. Moi-même, péniblement impressionné, je me retirai sans pouvoir lui adresser un mot de consolation.

Quelques jours après je vis les prisonniers en grand deuil, moins affligés, mais toujours préoccupés de la perte d'un prince que M. de Bourmont regrettait sincèrement. Il me vantait sa bravoure, sa loyauté, la douceur de ses mœurs, la simplicité de ses goûts, qui le portaient à la culture de ses fleurs, à la taille et à la greffe de ses jeunes arbres. Pour le distraire de ces douloureux souvenirs, je lui parlai un jour de son pays, où j'avais reçu de ses paysans un service que je n'oublierai jamais... Qu'est-ce donc? Contez-moi-ça.

En avril 1784, j'habitais la ville du Mans; j'allai à Angers y prendre un de mes frères qui occupait une place dans les finances, pour me conduire chez un de nos oncles, prieur du couvent de Notre-Dame-de-la-Garde, dont il se *vantait* de connaître parfaitement le chemin. Sur la fin du jour il *m'égara* dans d'épaisses bruyères dont le terrain était couvert. Mon cheval s'engagea dans

n endroit fangeux, d'où il ne put sortir qu'en
nisant un violent haut-le-corps qui me désarçonna,
t me mit à sa place, pour prendre ses ébats dans la
ampagne. Nous réclamâmes avec succès les se-
ours des bergers dont nous entendions les chants
oyeux, sans comprendre leur langage. Trois
l'entre eux arrivent à la course, me tirent du
ourbier en s'y mettant eux-mêmes. —Mon cheval, mes amis... —Patience, me dirent-ils; et à
les sifflements qu'ils firent entendre, je vis leurs
bestiaux former un cercle autour de ma monture,
et en moins de trois minutes l'un d'eux me la remit entre les mains. Je leur offris un petit écu;
tous le refusèrent, en me disant *qu'ils n'avaient
pas gagné autant d'argent*. J'invitai le plus âgé à
nous conduire au couvent, où il reçut par *obéis-
sance*, des mains de mon oncle, la pièce qu'il avait
obstinément refusée de la mienne.

Ce que vous venez de me raconter, me dit
M. de Bourmont, ne m'étonne point; l'hospitalité
était chez nous, avant la révolution, une suite de
nos principes religieux, et dans presque toutes nos
cabanes vous eussiez rencontré un *Philémon* et
une *Baucis*.

A peu près à cette époque, madame de Bourmont obtint la permission de venir partager la
captivité de son mari, sous la double condition
qu'elle ne descendrait point en ville, et qu'elle ne

recevrait personne. Le bon Chéron ferma les yeux sur ses fréquentes sorties; mais comme il n'aurait pu, sans se compromettre, l'autoriser à recevoir des visites, il fut à cet égard inexorable.

Si le sénatus-consulte de mai, qui *mettait en retraite la république,* avait fait plaisir à nos prisonniers, l'exécution du duc d'Enghien et la transformation de la France royale en France impériale les avait rendus bien inquiets sur l'avenir : ils croyaient ne pouvoir être frappés d'un coup plus sensible.

Les journaux parlaient du couronnement, que nos prisonniers regardaient comme impossible, à cause de l'opposition qu'y formeraient les généraux avec l'armée. Mais voici que M. de Bourmont reçoit d'un de ses amis de Paris la copie d'une lettre, datée de Rome, qui annonce que le pape a accepté la proposition de venir sacrer Napoléon; la lettre désigne le jour de son départ, celui de son arrivée à Paris et le jour de la cérémonie. La foudre serait tombée sur leurs têtes, qu'ils en auraient été moins étourdis.

Cette démarche hardie et si heureuse de Bonaparte leur fit regarder la cause des Bourbons comme perdue. Toutes les puissances de l'Europe, excepté cependant l'Angleterre et la Russie, allaient le reconnaître comme *frère et cousin ;* et les catholiques français de toutes les opinions se réuniraient sous l'égide de celui que le chef de la religion venait d'oindre d'une huile bien supérieure à celle de la Sainte-Ampoule dont on sacrait les rois.

Ces réflexions, nous les faisions chacun en notre particulier; je rompis le silence et me hasardai à dire que peut-être Napoléon, après avoir rajeuni et consolidé l'autorité monarchique, descendrait de ce trône nouveau, et comme *Monk* le rendrait au légitime propriétaire; un sourire amère accompagné d'un mouvement de tête négatif furent toute sa réponse.

Lorsque le commandant m'eut assuré que M. de Bourmont se résignait aux événements quels qu'ils dussent être, je dis au comte qu'à sa place j'adresserais une pétition à l'empereur pour lui demander, comme un acte de *justice* et non comme une *grâce*, de faire cesser ma captivité, et de me placer sous la surveillance municipale. En me montrant du papier et de l'encre, voyons, dit-il, comment vous me ferez parler.

Je pris la plume, et dans un court placet j'exposai que rien ne justifiait la peine qu'il subissait, puisqu'il n'était point un sujet rebelle pris les armes à la main. Que d'odieuses imputations sur un fait atroce et indigne d'un chevalier français, avaient pu occasionner son arrestation momentanée, mais ne suffisaient point pour lui ravir à jamais sa liberté, et que la justice, après un sévère examen de sa conduite, n'avait pas jugé lui appliquer une telle peine. Je terminais cette pétition en rappelant qu'un des plus nobles attributs du pouvoir souverain était de rendre justice à tous, et d'accorder quelquefois des *grâces;* qu'il osait espérer que dans un jour si solennel, S. M. impériale lui désignerait une résidence pour lui et sa famille, en le plaçant seulement sous la surveillance de l'autorité municipale.

Comme j'achevais la lecture de cet *impromptu,* écrit sans morgue comme sans bassesse, madame de Bourmont revenait de la ville, où elle avait dîné; son mari lui fit part du conseil que je venais de lui donner, elle me pria de lui lire le projet de pétition; mais quand elle entendit les mots par lesquels je terminais : *Je suis, sire, de Votre Majesté,* elle entra dans une colère si violente que je crus qu'elle allait étouffer.

Cette bourrasque passée, je lui fis le raisonnement suivant : Quand le pouvoir de *droit* est absent, le bon ordre et la tranquillité publique exigent que les honnêtes gens se soumettent au pouvoir de *fait;* autrement l'anarchie et la guerre civile bouleverseraient de fond en comble la société. Voyez, Madame, la conduite de saint Vincent de Paul, que l'Église a canonisé et à qui l'assemblée nationale a délivré un brevet de philanthropie !

Saint Vincent de Paul, dans le camp d'Henri IV, obéissait à l'autorité de droit, et, dans Paris, au milieu des ligueurs, il se soumettait au pouvoir de fait. Pourquoi vous répugnerait-il de prendre cette conduite pour modèle, quand d'ailleurs la raison et la saine politique vous en font un devoir. M. de Bourmont appuya mon raisonnement.

Et puis, ajoutais-je, croyez-vous que Bonaparte ne sera pas flatté de voir la fille d'une des illustrations de la Bretagne, une supplique à la main et des larmes dans les yeux, lui réclamer la liberté d'un mari retenu prisonnier sur des imputations qui n'ont pu être prouvées?

Elle écoutait avec attention; puis elle quitta brusquement son fauteuil en disant : *La nuit porte conseil, à demain.*

La nuit avait calmé madame de Bourmont. Je la trouvai le lendemain (15 ou 20 octobre 1804) décidée à partir pour se trouver au sacre qui devait avoir lieu le 4 décembre, et y présenter sa pétition.

Vous êtes étonné du vague que j'emploie dans les dates : la cause en est de ce qu'une grande partie de mes lettres avec les détenus de la citadelle sont datées selon l'ancien comput, et les autres d'après le nouveau, souvent sans désignation de mois et d'année. Je dois vous ajouter qu'ayant fait des recherches à la citadelle, dans les états-majors, partout on m'a assuré que M. de Bourmont, en prenant le commandement de la division, s'était fait remettre toutes les pièces qui avaient rapport à l'entrée et à l'évasion des Vendéens, ainsi que les procédures qui avaient eu lieu à ce sujet. Il faut donc vous contenter de cette incertitude sur les dates, et vous en tenir aux faits que je vous garantis.

Madame de Bourmont fixa son départ pour Paris au 24 octobre. Mon ami Chéron en était tout joyeux, il regardait comme infaillible le succès de sa démarche. M. de Bourmont feignait de partager les espérances du commandant, et moi j'étais convaincu que la pétition ne serait pas même présentée. Il ne m'avait pas fallu long-temps pour m'apercevoir que, fière de son origine, madame de Bourmont (née Bec-de-Lièvre), ne s'abaisserait jamais à se courber devant le pouvoir de *fait*. Je soupçonnai que le but de son voyage était de faire des *causeries* de famille, et de prendre *langue* avec ses nombreux amis politiques, pour aviser aux moyens d'opérer sûrement l'évasion des *deux* prisonniers. Vous verrez tout à l'heure que mes conjectures, dont je n'eus garde de faire confidence à Chéron, prirent par la suite un caractère de vérité.

J'étais confirmé dans cette opinion par l'air sa-

isfait, même jovial, de M. de Bourmont, lorsqu'il recevait sous le couvert de madame de P...
les lettres sur lesquelles il gardait le plus profond
silence.

Pendant que madame de Bourmont roulait sur
Paris, Chéron se reposait tranquillement sur l'*ancre
d'espérance*. A la fin de décembre 1804, madame
de Bourmont n'avait écrit qu'une seule fois; et
son silence sur la pétition qu'elle devait présenter , donna du souci à notre pauvre commandant.

L'année 1805 commença pour lui sous de sinistres
présages. Il reçut en mars, et le même jour, deux
lettres qu'il m'apporta. Sa figure était décomposée,
et ses yeux remplis de larmes; il se jette dans un
fauteuil, et d'une voix suffoquée : je suis perdu,
me dit-il, lisez. — La première était du ministre
Fouché qui lui ordonnait de préparer, pour un
prisonnier d'état, un logement séparé de celui
des deux autres avec lesquels il ne pourrait communiquer. La seconde, du général Ménard, lui annonçait qu'un bataillon du 81e allait tenir garnison à la
citadelle. — Quelle répugnance, lui dis-je, avez-
vous contre ce bataillon?—Soldats et sous-officiers, me dit-il, sont presque tous Vendéens.—
Eh bien! mon cher commandant, écrivez sur-le-
champ au ministre de la police que, si on ne change
ce bataillon, vous déclinez toute responsabilité;

motivez bien votre lettre, envoyez-en copie à M. Debry et au général Ménard, et invitez-les à venir examiner le logement que vous destinez au prisonnier qui vous est annoncé. Son nom était une énigme pour nous. M. de Bourmont nous dit que sa femme lui annonçait que M. d'Andigné allait être transféré à notre citadelle. En effet, sur la fin de mars, un officier de gendarmerie le remit entre les mains du commandant, avec l'ordre du ministre d'exercer la plus active surveillance sur ce chef le plus *remuant* de la Vendée. Le ministre lui annonçait en même temps qu'il avait autorisé madame de Bourmont d'aller retirer ses effets de la citadelle, *où elle ne resterait pas plus de vingt jours, à dater de son arrivée.*

Cet avis, communiqué à M. de Bourmont, ne lui causa pas la moindre émotion; il me sembla que ce calme cachait un secret important, et je soupçonnai que madame de Bourmont à Paris, et le valet de chambre de M. de Bourmont à Besançon, travaillaient de concert à l'évasion des prisonniers. Ce valet de chambre, nommé Antoine, était un homme de moyenne taille, d'une figure en apparence *moutone,* d'une sage hardiesse, d'une intelligence rare, et d'un caractère impénétrable, enfin, d'un *devouement sans bornes* pour son maître et sa famille; serviteur précieux dans tous les temps, mais surtout pour un prisonnier d'état.

Le premier soin d'Antoine, à l'arrivée du bataillon, fut d'y pratiquer des intelligences; il eut bientôt parmi les soldats et sous-officiers des amis qu'il conduisait dans un lieu sûr, où il les entretenait, le verre à la main, des malheurs de son maître, de sa bravoure, de sa générosité. Ce *semis* qu'il jetait dans des cœurs vendéens, produisit bientôt des fruits. Les factionnaires présentaient les armes à celui que leurs chefs appelaient *général*. Témoin des honneurs militaires qu'on rendait à M. de Bourmont, je ne pus m'empêcher de lui dire un jour, qu'il était traité à Besançon comme François Ier l'avait été à Madrid; j'ajoutai que le pauvre Chéron, fort inquiet de voir ce dévouement de la garnison, craignait un coup de main en faveur des trois prisonniers. — Allons, me dit-il, allons le rassurer. Effectivement, il lui renouvela en ma présence la parole qu'il lui avait donnée, la seconde année de sa détention, de ne jamais *tenter une évasion tant que lui Chéron commanderait la place.*

Dès que nous fûmes seuls, — que pensez-vous, me dit-il, de ce que vient de dire M. de Bourmont? — Je pense qu'étant homme d'honneur, il tiendra sa parole pendant *votre commandement...* Si M. d'Andigné s'évade, les deux autres prisonniers dégagés envers vous, suivront les traces de leur compatriote; donc M. d'Andigné doit être l'objet d'une sévère surveillance.

Avant les événements qui, je crois, se préparent, je vais vous dire toute ma pensée.

La translation de ce nouveau prisonnier n'aurait-elle pas été sollicitée et obtenue dans le but de dégager les deux autres de leur parole? Et puis, le retour prochain de madame de Bourmont n'aurait-il pas pour objet d'aider à l'évasion de M. d'Andigné? Elle apporte avec elle des *moyens infaillibles de succès*, qui serviront pour tous. Vous m'avez compris, n'est-ce pas?—Parfaitement. Ma position est affreuse. — J'en conviens, lui dis-je, c'est pourquoi je vous conseille d'écrire de nouveau au ministre de la police qui n'a pas répondu à votre première lettre; plaignez-vous amèrement des ordres sévères de surveillance que vous recevez, et du refus que l'on vous fait des moyens d'exécution; pressez-vous d'écrire avant l'arrivée de madame qui est attendue du 15 au 20 mai : nous étions alors au 10.

D'après ce sérieux entretien, M. Chéron crut devoir prendre de nouvelles précautions.

Vous connaissez l'entrée de la citadelle; à droite se trouve un escalier sous voûte qui conduit chez le commandant; à peu près au milieu de cet escalier, à gauche, était le cachot de M. d'Andigné, voûté et dallé, éclairé par une fenêtre carrée, défendue par deux rangs de barres en fer de plus de dix pouces d'épaisseur. De la guérite appuyée contre le mur du corps-de-garde, la sentinelle pouvait surveiller, par les petites ouvertures pratiquées dans la guérite, les mouvements du prisonnier, s'il ouvrait sa fenêtre. Audessus du cachot était le bureau du commandant, dont il fit sa chambre qu'il ne quitta plus. Ce fut là, et sous le chevet même de son lit, que le noir souci prit position. Le moindre bruit pendant la nuit le faisait tressaillir, il courait à sa fenêtre, l'ouvrait; ne voyant rien, n'entendant rien, il se recouchait; mais au moment de s'endormir, si deux souris prenaient leurs ébats dans sa chambre, il sautait de son lit pour se convaincre que le bruit ne venait point du dehors. Vous connaissez, mon cher, la fable du *savetier* de *Jean Lafontaine;* eh bien, Chéron était aussi inquiet de son prisonnier que le savetier de ses cent écus. Vous croyez peut-être que les occupations de la journée dissipaient ses ennuis; pas du tout. S'il écrivait, il quittait vingt fois la plume pour descendre et remonter chez lui. S'il se promenait dans son parterre, il voyait d'un œil indifférent ses belles tulippes du *Sérail* et ses superbes renoncules de *Harlem;* il les regardait sécher sur leurs tiges, sans avoir le courage de les rappeler à la vie; elles mouraient toutes; il ne les regrettait pas. Ses arbres fruitiers étaient oubliés; il semblait deviner que les fruits ne mûriraient pas pour lui. Madame de Bourmont, de retour de Paris depuis le 12 mai, cherchait vainement à le distraire : elle ne connaissait pas son mal; moi seul pouvais en causer avec lui.

Le 25, nous nous promenions assez tristement, lorsque madame de Bourmont vint à nous d'un air gai, et nous annonça qu'elle ne profiterait point des vingt jours que le ministre de la police lui avait *généreusement* accordés, mais qu'elle retournerait à Paris dès le lendemain; puis, s'adressant à moi, elle me dit qu'avant son départ elle espérait me voir chez son mari.

Dès que madame de Bourmont se fut éloignée, Chéron me dit qu'il était fort aise de cette nouvelle, parce qu'il la croyait l'*âme du complot* qui se tramait pour l'évasion de M. d'Andigné. Quant à moi, *je le tenais pour consommé*. Il était impossible d'expliquer autrement son air de satisfaction au moment de se séparer de son mari. Sa présence n'étant plus nécessaire à la citadelle, un plus long séjour pouvait la compromettre; elle devait s'éloigner; elle le savait.

Le 26 mai, M. de Bourmont m'envoya, le matin, prier de monter à midi. Madame de Bourmont finissait de remplir une male, dans laquelle se trouvaient, mêlés avec ses robes, les *culotes*, les *gilets* et les *habits* de M. de Bourmont. — Bonne précaution, madame, lui dis-je, de porter des modèles aux tailleurs de Paris, de cette manière on est sûr d'être toujours bien habillé. — N'est-ce pas, Monsieur, que je suis bien louable de concourir à la coquetterie de mon mari? — Digne d'admiration, Madame! Les deux époux se mirent à rire; comme le rire est contagieux, je pris part à leur gaîté.

Le commandant était un de nos convives. M. de Bourmont me proposa d'aller à sa rencontre. Le dîner fut assez gai; Chéron y fit paraître moins de mélancolie que les jours précédents. On parla de Paris; madame de Bourmont s'effraya en pensant qu'elle s'y trouverait long-temps presque sans argent, en attendant celui qu'elle devait recevoir de Bretagne. Moi, très imprudemment, je lui offris un mandat de *trois mille francs* sur M. Recamier, où, depuis l'envoi de pièces de comptabilité, je me trouvais crédité de cette somme. Mon offre fut acceptée avec reconnaissance, et, sous leurs yeux, je m'empressai de donner avis de cette disposition au caissier de M. Recamier. L'heure du départ arrivée, nous nous mîmes en chemin, madame de Bourmont et moi, pour aller prendre sa voiture, qu'elle avait envoyée devant, afin de saluer ma femme, et d'embrasser *mes beaux enfants ;* c'est ainsi qu'elle les appelait.

Rentré dans mon cabinet, je fis de tardives

réflexions sur ce mouvement irréfléchi du cœur, qui m'avait porté à offrir de l'argent à madame de Bourmont. La femme d'un chef distingué de la Vendée pouvait, en arrivant à Paris, être arrêtée à la barrière, conduite à la police générale, où mon mandat entre ses mains serait considéré comme un subside destiné à encourager la révolte.

Je pensais encore à mon imprudence, lorsque je vis entrer chez moi M. Prosjean, épicier-char-cutier, dans la rue du Rondot Saint-Quentin, qui me dit d'un air tout effaré qu'on *manigançait* (ce fut son expression) l'évasion des prisonniers de la citadelle. — Bah! qui vous a dit cela? — Personne; c'est moi qui me l'imagine. — Sur quoi vous fon-dez-vous? — C'est que depuis que le nouveau ba-taillon est là haut, le domestique de M. de Bour-mont vient presque tous les jours avec des sous-officiers et soldats boire et manger chez moi, et c'est lui qui paie la dépense. — Est-elle forte? — Ce soir elle a été de dix francs. — Parlent-ils des prisonniers, et peuvent-ils être entendus par d'autres que vous et votre femme? — Non. Ils ont une chambre éloignée; ils parlent une langue que je ne comprends pas. — Vos voisins causent-ils de ces réunions de militaires? — Non, grâces à la pré-caution de M. Antoine; ils entrent chez moi un à un, par des rues différentes, et ils sortent de même. — Maintenant, mon cher M. Prosjean, dites-moi franchement pourquoi vous m'avez fait cette confidence. —C'est pour que vous me disiez si ces messieurs désertant la citadelle, je serais compromis, pour avoir reçu chez moi ces militaires avec le domestique de M. de Bourmont, et si je puis continuer mon commerce avec eux.—Vous ne pouvez pas être compromis, et je vous invite à continuer à les recevoir. Votre confidence en vaut une autre; il y a bien trois mois qu'Antoine vint, de la part de son maître, me demander où je prenais de l'huile d'olive; je vous indiquai.—Est-il *fiable*, est-il jacobin? me demanda-t-il.—Il a été et il est encore *aristocrate*, et sa femme *ne fréquente point les églises constitutionnelles*, vous pouvez donc vous fier à lui. Je vois clairement, d'après ce que vous m'avez dit, que l'huile n'était qu'un prétexte, qu'il voulait vous connaître avant de vous mener des convives; il travaille secrètement pour les prisonniers; laissons-le faire, et gardons le plus profond silence.

Dans le courant de juin, madame de Bourmont rendit à son mari un compte détaillé de son voyage, qu'il s'empressa de me communiquer pour me rassurer sur mon mandat. Des amis fidèles l'attendaient à Charenton, dernier relai de la poste, pour la prévenir qu'elle serait arrêtée à la barrière, et conduite à la police générale où elle serait fouillée, que si elle avait quelque chose de suspect, ils s'en chargeraient volontiers. Elle ne portait que mon *mandat*. Ils lui conseillèrent de le détruire ; parce qu'aux yeux du ministre, ce serait une pièce accusatrice contre le signataire, qui sûrement ne méritait pas d'être compromis : ils ajoutèrent qu'à Paris, elle avait d'autres amis avec eux, qui ne la laisseraient pas dans le besoin d'argent. Elle finissait sa lettre par de nouveaux remercîments pour moi, et un souvenir pour ma famille. Ce secret de la politique éventé ne prouve-t-il pas que Fouché était sous l'influence du magnétisme des Vendéens ?

Vous avez dû voir précédemment les précautions prises par M. Chéron, pour procurer un logement sûr à M. d'Andigné ; les peines qu'il se donnait jour et nuit pour éviter une évasion, qui aurait pour lui des suites funestes, et vous avez dû croire que ses mesures auraient un succès complet. Il n'en fut rien.

Les agents des prisonniers étaient si dévoués, le secret était si bien gardé, et l'or fut si sagement distribué, qu'une prudence plus qu'humaine devait échouer devant des moyens aussi puissants. Chose extraordinaire ! la providence parut venir en aide à M. d'Andigné ; les jours (12, 13, 14 messidor) qui précédèrent sa fuite, il y eut des orages si effrayants, que tous les factionnaires furent obligés de rentrer dans les corps-de-garde, et leur absence facilita le travail du prisonnier.

Le 14 messidor an 13 (3 juillet 1805), le commandant vint, à six heures du matin, m'annoncer, d'une voix émue, que M. d'Andigné avait disparu, et qu'il allait en faire son rapport au général. — Vous devez, lui dis-je, vous attendre à une réception des plus orageuses, je crains pour vous les arrêts et une suspension provisoire. En effet, il vint, en sortant de chez le général, me confirmer mes prévisions et me faire ses adieux. Nous convînmes qu'Antoine, ou toute autre personne, viendrait me rendre compte de la manière dont le procès-verbal aurait été rédigé, pour aviser à la défense, s'il y avait lieu. Je reçus cette pièce dans la journée, avec l'avis que M. Ferrier, chef de bataillon, était provisoirement chargé du commandement de la place. J'écrivis à Chéron de se tranquilliser; que le procès-verbal d'évasion, bien loin de le charger, l'excusait, en assurant que l'événement était le résultat d'une force majeure.

Revenons maintenant à MM. de Bourmont et Enghand. M. Ferrier les traitait sévèrement; au lieu de les laisser libres dans la citadelle, il leur assigna pour toute promenade le petit Chamars (1), et lorsqu'ils en faisaient la demande, il leur permettait de suivre une partie du chemin des rondes.

(1) C'est le nom que l'on donne à une portion de rempart, plantée de grands arbres, et qui sert de promenade aux habitants de la citadelle.

Convaincu que les deux prisonniers ne tarderaient pas à suivre l'exemple de M. d'Andigné, je ne montais plus à la citadelle, persuadé que les autorités me donneraient de l'ennui, en me supposant complice de leur fuite.

J'ai dit plus haut que le procès-verbal d'évasion de M. d'Andigné, dressé par les officiers du génie, disculpait Chéron de toute participation et complicité à sa fuite, présentée comme le résultat d'une force majeure. Voici sur quoi ces messieurs fondaient leur opinion :

Ils avaient trouvé les doubles barreaux de la fenêtre du cachot sciés ; ils avaient fait l'essai de la possibilité du passage d'un homme par l'ouverture ; ils avaient reconnu qu'une petite corde en soie de vingt pieds de long, fortement attachée aux barreaux intacts, était en état de supporter un individu de la taille la plus forte.

Du cachot ils s'étaient transportés au bastion du petit Chamars, dont le mur s'élève de quarante à cinquante pieds au-dessus du fossé ; là ils avaient remarqué une forte corde tenue par un énorme crampon de fer, fiché dans un des joints du mur ; ils ajoutaient qu'après de pénibles efforts, le prisonnier avait dû gagner le derrière de l'hôtel de Lyon, dans le faubourg Tarragnoz ; ou bien en tirant du côté du Pont-du-Secours, se trouver hors de la ville.

Ne pensez-vous pas, comme moi, que la commission s'écartait de son but?

En effet, l'autorité voulait connaître non-seulement le mode d'évasion, mais encore les individus qui avaient assisté Chéron, prévenu de ce délit. Or, le chef du poste, dépositaire des clefs du cachot, spécialement chargé de la visite des aliments ou des effets qu'on faisait passer au prisonnier, avait-il bien obéi à sa consigne?

D'un autre côté, le garde des fortifications, sous-officier du génie, obligé de faire trois rondes depuis le jour de l'arrivée des prisonniers, aurait-il gardé le silence sur la pose de cette grosse corde, soutenue par un fort crampon, qui avait nécessité l'assistance de deux ou trois ouvriers étrangers à la citadelle? Ce fait n'était-il pas de nature à fixer l'attention des commissaires?

Enfin, tous les préparatifs d'une fuite présumée auraient passé inaperçus devant la loge du portier de l'avancée? Personne n'y a cru.

Mais pour prouver que M. d'Andigné était réellement descendu dans le fossé, à l'aide d'une corde, les commissaires auraient dû y descendre. S'ils avaient trouvé l'empreinte de la chaussure de M. d'Andigné, sur un terrain imbibé pendant trois jours par une pluie d'orage, le portier se trouvait déchargé du violent soupçon de connivence dans cette fuite. Dans le cas contraire, le soupçon devenait une vérité, et le portier restait seul prévenu du délit d'évasion et de corruption.

L'évasion de MM. de Bourmont et d'Enghand suivit de près celle de M. d'Andigné. J'en fus prévenu sur-le-champ par madame Chéron. (7 thermidor an 13, 25 juillet 1805.)

Sur le rapport de M. Ferrier, des commissaires du génie et de l'état-major vinrent constater que les deux prisonniers avaient enlevé le fond d'une vieille armoire qui donnait de leur antichambre sur le petit Chamars, tout près du bastion d'où s'était évadé M. d'Andigné, et qu'ils avaient usé des mêmes moyens que lui; qu'en conséquence il y avait eu force majeure, dont M. Ferrier ne pouvait être responsable.

M. Chéron était aux arrêts forcés depuis vingt jours, et le ministre de la guerre n'avait encore rien statué sur son compte; il paraît qu'il s'attendait à l'événement qui venait d'avoir lieu, car aussitôt qu'il en fut instruit, il ordonna la mise en jugement de Chéron sous la *prévention des deux évasions*.

La position de l'ex-commandant devait déjà faire tomber l'accusation; il y ajouta, devant le conseil, la lecture de ses consignes et celle de sa correspondance avec les ministres de la guerre et de la police générale. Il fut acquitté à l'unanimité et renvoyé à ses fonctions. M. le général Ménard et

M. le préfet, au lieu d'exécuter cet arrêt, ordon-
nèrent au malheureux Chéron de quitter de suite
la citadelle; ce qu'il fit avec toute sa famille. Cet
ordre, plus que sévère, était-il le résultat de la
correspondance secrète des ministres avec nos
autorités locales? c'est ce qu'on n'a jamais su.

Le voilà donc destitué, sans pension et sans espoir
d'en obtenir une. L'empereur seul pouvait réha-
biliter Chéron dans ses droits; nous fûmes infor-
més à temps que, revenant d'Italie avec Joséphine,
il s'arrêterait à Bourg en Bresse, et y recevrait
les autorités de Besançon. Chéron fit partir sa
femme avec une pétition pour Napoléon, dont
l'objet était d'exposer son innocence, et de réclamer sa retraite; puis une autre à Joséphine, dans
laquelle il s'adressait à son excellent cœur. L'empereur rejeta d'abord, avec humeur, la demande
de l'ex-commandant; mais Joséphine appuya avec
tant d'instance les paroles justificatives du général
Jarry, que Napoléon revint sur sa décision et fut
juste à l'égard du brave Chéron. En 1806 il obtint
la surveillance des condamnés, qui de la citadelle
furent transférés à Osselle pour travailler au canal;
cette place, dont le traitement accrut son aisance,
avait été sollicitée indirectement *par des Vendéens
distingués*.

Je me résume.

Vous avez lu ce récit avec attention ; vous n'êtes point convaincu que M. d'Andigné soit sorti de son cachot par l'ouverture qu'il avait pratiquée dans ses moments de loisir ; vous ne croyez pas que MM. de Bourmont et Enghand aient passé quelques heures à enlever le fond d'une armoire en brique, sous les yeux du factionnaire et du poste ; vous croyez encore moins que ces trois messieurs se soient exposés à meurtrir leurs mains délicates, en se laissant glisser dans un fossé, à l'aide d'une grosse corde, le long d'un mur de quarante à cinquante pieds de hauteur.

Vous êtes également convaincu que les procès-verbaux des officiers du génie n'ont point rempli l'objet principal de leur mission.

Enfin vous êtes convaincu que tous les trois sont sortis de la citadelle, par où *ils y étaient entrés...*

D'où nous devons conclure que le gouvernement, et même Napoléon, n'attachaient aucune importance à leur évasion, puisqu'ils les avaient placés à dix heures de la frontière, comptant bien qu'échappés ils se garderaient bien d'aller se faire fusiller dans la Vendée. Pour achever votre conviction, écoutez la conversation que j'eus à ce sujet avec M. de Bourmont, en juin 1814.

Louis XVIII, assis pour la première fois sur le trône de sa noble race, lui donna le commandement de la 6ᵉ division militaire; M. de Bourmont fit son entrée à Besançon le 14 juin, à la tête d'un brillant et nombreux état-major. Pour ajouter à cette pompe je fis battre aux champs lorsqu'il passa devant le poste de Saint-Pierre, que je commandais ce jour-là; il me tendit la main; et le lendemain il vint passer chez moi une partie de la soirée. Nous allions parler de la citadelle; une personne entra chez moi; nous gardâmes le silence.

Quelques jours après, je le trouvai seul dans son cabinet; après les compliments d'usage, il me dit en se frottant les mains, en riant : *Vous ne savez pas les souffrances que l'on éprouve aux mains en tenant une grosse corde pour descendre de quarante à cinquante pieds de hauteur.* Content de lui voir prendre l'initiative, j'ignore, lui dis-je, ce supplice qui doit avoir des suites longues et douloureuses. Ni vous, monsieur le comte, ni moi, n'avons été dans le cas de faire cette épreuve. —Comment donc! vous ne croyez pas aux procès-verbaux; ils doivent être crus jusqu'à inscription de faux. —Oui, par des sots. Si vous voulez me le permettre, je vais vous faire l'historique de ce *petit drame,* sur lequel j'ai gardé le silence jusqu'à ce jour. —Vous me ferez grand plaisir, asseyons-nous. Il entr'ouvrit sa porte et dit à l'ordonnance qu'il ne voulait y être pour personne.

—Je m'apercevais depuis long-temps des moyens secrets que vous preniez pour votre évasion. — Le voyage que madame de Bourmont fit en octobre 1804, me parut n'avoir d'autre but que de se concerter avec vos amis politiques, et ceux que vous aviez en grand nombre dans le parti même de Napoléon. Ils obtinrent le transfert de M. d'Andigné dans notre citadelle. Madame de Bourmont revenait de Paris à Besançon le 12 mai, apportant avec elle l'*anneau de Gigès* (ici un grand éclat de rire de M. de Bourmont), avec lequel vous êtes tous sortis de la citadelle, sans être vus de vos nombreux gardiens, *pas même du portier de l'avancée.* Vous étiez si surs des mesures prises par madame de Bourmont et par Antoine, que le jour du départ de madame la comtesse pour Paris (25 mai), vous lui faisiez emballer vos habillements. Après la fuite de votre compatriote, et la suspension de M. Chéron, qui vous dégageait de votre parole d'honneur, le 6 thermidor, à la tombée de la nuit, vous sortîtes de la citadelle, et allâtes coucher chez madame de P., d'où vous sortîtes le lendemain, au son de la cloche qui annonçait l'ouverture des portes. M. Enghand se dirigea sur la porte de Battant, et vous sur celle de Notre-Dame. J'ai toujours ignoré le chemin qu'avait pris votre aide-de-camp. — Il est resté en Allemagne jusqu'à a restauration, me dit le général. — Quant à vous, monsieur le comte, vous rencontrâtes entre les deux portes, un honnête homme de Besançon, M. l'huis-sier Magnin, dont la conversation et les sentiments l'honneur vous inspirèrent une telle confiance, que vous lui fîtes part de votre évasion et du dessein d'aller à Dole pour y prendre la malle-poste. — Quittons la route, monsieur le comte, vous dit-il, la gendarmerie est peut-être déjà à votre recherche, je vais vous conduire, par des chemins de traverse, à Abbans où j'ai à faire, et là, je vous remettrai entre les mains d'un digne homme, M. Duparet, ancien maréchal-des-logis-chef dans le régiment de la reine, émigré rentré; il vous conduira jusqu'à Dole. Ce qui eut lieu.

De Paris vous allâtes en Portugal, selon madame d'Abrantès, vous présenter à son mari qui vous procura un emploi dans l'armée. D'autres ont dit que vous entrâtes en Espagne, où le duc de Bellune vous donna le commandement d'un bataillon. Voilà, monsieur le général, l'histoire de votre évasion, que j'aurai peut-être un jour occasion de livrer au public. Pendant ma narration vous avez ri et souri alternativement, mais je ne me suis aperçu d'aucun signe de désapprobation. Il se leva de son siége, et me frappant sur l'épaule, il me dit en riant. *Si non è vero, ben, ben trovato.*

P. S. En relisant mon manuscrit, je m'aperçois que j'ai oublié de vous parler de l'opinion de M. de Bourmont sur la révolution; il partageait celle de M. le marquis son père, ambassadeur à la cour de Savoie.

On aurait dû, selon eux, conserver les trois ordres; abolir la main-morte, les corvées, la portion colonique; imposer également le territoire français; la noblesse et le clergé étant les grands propriétaires de l'état, auraient contribué dans une proportion plus forte que le cultivateur et l'artisan; enfin, le tiers-état aurait été appelé aux fonctions civiles, militaires et ecclésiastiques, comme les deux autres. Je combattis cette dernière concession, que je soutenais devoir rester toujours sans effet. M. Enghand m'adressa à ce sujet quelques paroles mortifiantes. — Taisez-vous, lui dit M. de Bourmont, prenez exemple sur Monsieur, qui respecte nos opinions; ayez les mêmes égards pour les siennes.

Combien de fois l'ai-je vu s'associer, par ses vœux, aux succès de nos armées! Il les plaçait au premier rang des troupes européennes.

FIN.

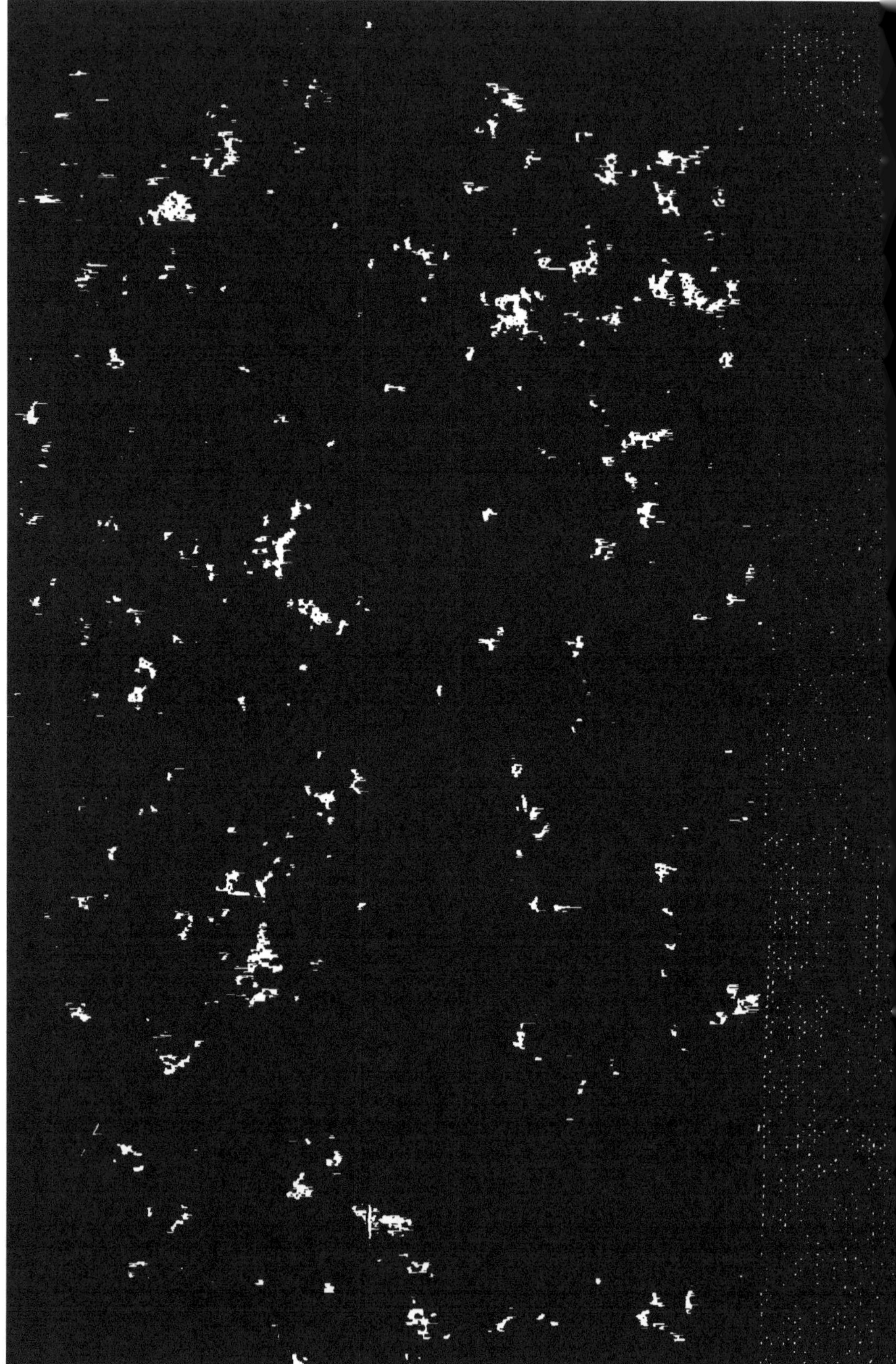